FÊTES

DE

BASVILLE.

CHANSON

Sur l'Air : *Il est pris, il est pris.*

GRaces à cette vaçance
Nous pouvons fêter avec aisance
Un des premiers de France,
Magistrat de renom,
Lamoignon, Lamoignon, Lamoignon.
Ah l'agréable Nom !
Il est noble, il est bon ;
Les François le chérisse,
Ils en reçoivent bonne Justice,
A tous il est propice ;
Chacun dit, c'est un grand
Président, Président, Président.

Amis, que l'on s'apprête,
Assemblons-nous pour lui faire fête ;
C'est un Homme de tête
Qui vient se réjouir
A loisir, à loisir, à loisir.
Quand il est au Palais
Au milieu des Procès,

Il décide, il ordonne ;
Si tu voyois, comme on l'environne
Cette chere Perfonne
A beaucoup d'embarras
Sur les bras, fur les bras, fur les bras.

Bergers venez redire
Avec vos Bergeres fur la lyre
Ce que le zele infpire .
Pour un Membre du grand
Parlement, Parlement, Parlement.
Qu'il vive cinq cents ans,
Que, dis-je, plus long-temps ;
Puiffions-nous à Bafville
Dans fon Château, ce charmant afyle ;
Voir d'un œil bien tranquille
Toujours en bonne humeur
Ce Seigneur, ce Seigneur, ce Seigneur.

Les vacances font caufe
Que fon brillant efprit fe repofe,
Je voudrois & je n'ofe
Lui faire un compliment,
Mais coment, mais comment, mais coment.
En aurai-je le fens,
Il n'aime pas l'encens :
Non, non, j'aime mieux boire

A ce Magiſtrat couvert de gloire ;
Pour en avoir mémoire
Saluons en gaité
Sa ſanté, ſa ſanté, ſa ſanté.

FIN.

FÊTES

DE

BASVILLE.

CHANSON

Sur l'Air : *Lison dormoit dans le...*

NOus vous prions, faites silence,
Ecoutez bien cette chanson,
Elle est faite en conséquence
Pour le Maître de la maison :
Il est aimé par toute terre,
Depuis Paris jusqu'au Japon,
C'est Lamoignon, c'est Lamoignon,
Il est aussi grand que son Pere :
Vive leur nom, vive leur nom,
Il rime à celui des Bourbon.

Villageois quittez la montagne
Avec une gaillarde humeur,
Venez aussi de la campagne
Pour rendre homage à ce Seigneur :
Recevez notre révérence,
Nos respects & vœux les plus doux,
Restez chez vous, restez chez vous.
Ah désirons-nous votre absence ?
Non, vos Vassaux, non, vos Vassaux,
Ne sont jarnigoi pas si sots.

Basville n'est plus agréable
Quand Monseigneur est à Paris ;
Mais que ce séjour est aimable ,
Sitôt qu'il vient dans le pays :
Autour du château nos fillettes
Avec les plus jolis garçons ,
Comme ils chantons , comme ils dansons ;
Et font sauter leur chemisette :
Dame ils chantons , dame ils dansons ,
Et puis après ils s'embrassons.

Les bonnes femmes du Village
Et les vieillards également ,
Viennent leur dire : allons ,courage ;
Prenez du divertissement ,
Monsieur notre Curé peut-être
N'en prendra pas mauvaise humeur ;
C'est en l'honneur, c'est en l'honneur ,
De voir ici notre bon Maître ,
C'est en l'honneur , c'est en l'honneur ,
Du plus judicieux Seigneur.

F I N.

FÊTES
DE
BASVILLE.

CHANSON

Sur l'air : *Vive Henri, vive Henri.*

VOus rempliffez nos efpérances,
Préfident d'une noble Cour,
Nous en rendons graces aux vacances,
Le temps va paffer comme un jour;
L'honnéur vous careffe,
Nous voulons le fuivre par-tout;
Grand Lamoignon avec votre fageffe
Vous avez tout, vous avez tout.

On vous voit en main la balance,
La Juftice eft dans votre cœur
De notre Jurifprudence,
Vous pouvez en être l'auteur :
Zélé pour l'étude,
Vous fourez votre efprit par-tout,
L'intégrité vous fuit d'habitude,
Vous avez tout, vous avez tout.

L'amitié de toute la France,
Et l'eftime de votre Roi,
Vous poffédez fa confiance,
Nous favons la raifon pourquoi.

Prudent, équitable
Et bon de l'un à l'autre bout;
Noble fierté & févere & traitable;
Vous avez tout, vous avez tout.

La Puiffance & la Renommée
Vous font fans cefse les doux yeux,
Votre tête en eft couronnée,
Comme vos célebres Ayeux :
C'eft une richefse
Qui flatte l'ame & le bon goût :
En vous brille fortune & noblefse,
Vous avez tout, vous avez tout.

F I N.

FÊTES

DE

BASVILLE.

CHANSON

Sur l'Air : *Le bruit des roulettes, &c.*

AImable Seigneur de Bafville,
Maître abfolu de ce féjour,
Permettez-nous dans votre afyle
De vous partager notre amour :
Voyez des filles innocentes,
Sitôt qu'on leur parle-d'amants,
Nous venons tremblantes,
Le cœur nous fend,
Nous venons tremblantes,
Le cœur nous fend.

Les demoifelles de la ville
Ne font pas refus de cela ;
Bien plutôt que nous à Bafville,
Ces mignonnes paffent par-là :
Pour moi l'amour ne me tourmente
Que quand j'apperçois mon galant,
Je deviens tremblante,
Le cœur me fend,
Je deviens tremblante,
Le cœur me fend.

[3]

C'eſt un blondin par trop volage ;
Je ne l'aime qu'un petit brin ;
Quand je défends le badinage ,
Le drôle en paroît tout chagrin :
Si je feins d'être mécontente ,
Il m'abandonne en murmurant ,
Je deviens tremblante ,
Le cœur me fend ,
Je deviens tremblante ,
Le cœur me fend.

Monſeigneur , c'eſt donc quand on aime
Qu'on ne voudroit pas ſe quitter :
Hélas ! ce ſera tout de même
Quand vous voudrez vous en aller :
D'avance ſi je me préſente
Ce départ , comme mon amant ,
Je deviens tremblante ,
Le cœur me fend ,
Je deviens tremblante ,
Le cœur me fend.

F I N.